NAPOLÉON

et

LA FRANCE GUERRIÈRE,

Élégies Nationales,

PAR GÉRARD L......

A PARIS,

CHEZ LADVOCAT, LIBRAIRE,
PALAIS-ROYAL, GALERIE DE BOIS;
ET CHEZ LES MARCHANDS DE NOUVEAUTÉS.
1826.

NAPOLÉON

et

LA FRANCE GUERRIÈRE

Élégies Nationales,

PAR GÉRARD L.......

A PARIS,

CHEZ LADVOCAT, LIBRAIRE,

PALAIS-ROYAL, GALERIE DE BOIS;

ET CHEZ LES MARCHANDS DE NOUVEAUTÉS.

1826.

Un poète de seize ans et demi, entreprenant un sujet aussi grand que celui de la France malheureuse et trahie, peut espérer quelque indulgence; des incohérences, des pensées fausses et peu d'habitude de faire des vers en feront voir la nécessité; mais si dans ces essais, on pouvait découvrir quelques-uns de ces traits qui caractérisent les enfans des Muses, il tenterait de se perfectionner dans un art, qui lui donnerait les moyens d'exprimer les sentimens d'une âme pure et patriotique.

La Russie.

Bruit, chimères, grandeurs, éclat, tout a cessé!...
Porterons-nous encor les yeux vers la victoire?
Vers ce passé fameux, chargé de tant de gloire?...
    Un revers a tout effacé !

Cependant, c'est au bruit de nos mâles courages,
Que s'étaient élancés avec notre laurier,
Ces cris d'étonnement, ces cris d'un âge entier,
    Qui retentiront dans les âges. *

Invincible au milieu de ses braves Français,
Et n'étant point encore instruit par les défaites,
Bonaparte, égaré par de trop longs succès,
Avait fixé les yeux sur l'astre des conquêtes :

---

* Idée tirée de *Napoléon et la grande armée,* par M. de Ségur.

Il crut qu'il le suivrait dans le plus froid climat,
Et son œil aveuglé d'un trop brillant éclat,
Au milieu des brouillards cherchait le météore,
Et dans un ciel désert croyait le voir encore.

Mais il ne vit plus rien, que l'horreur et la mort,
Rien, que l'aridité d'une terre glacée,
Il n'entendit plus rien, que le souffle du Nord,
Chassant le dernier son de sa grandeur passée.

S'il veut autour de lui promener ses regards,
Que voit-il? Les débris de son immense armée,
Des squelettes hideux, errans de toutes parts,
Naguère les appuis de tant de renommée!

Des torrens, des rochers, un ciel toujours couvert,
Qu'un seul reflet du jour dans le lointain colore,
Et les feux de Moscou, qui promènent encore
Leurs funestes clartés sur ce vaste désert.

Alors il réfléchit; sa pensée incertaine
Rappelle du passé le brillant souvenir;
Et le passé n'est plus qu'une image lointaine
    Qui s'abîme dans l'avenir!

(5)

Souvent son œil voudrait en sonder le mystère,
Il croit voir à sa mort l'avenir trop sévère
  Lui désigner un rang
Parmi ces insensés, avides de carnage,
Dont rien dans l'univers ne marque le passage,
  Qu'une trace de sang.

Qu'il tremble, encor vivant, il est mort pour la gloire;
C'est en vain qu'il voudra rappeler la victoire,
  Son bonheur est passé :
Du ciel qu'elle habita sa grandeur qui s'efface,
Déjà sur l'horizon ne laissant plus de trace,
  Semble un astre éclipsé.

Des glaces, des déserts, voilà donc le domaine,
L'empire que, parti d'une terre lointaine,
  Il venait conquérir,
Partout ces monts glacés repoussent l'espérance;
Là va bientôt régner un éternel silence,
  C'est là qu'il faut mourir!

Il croit en ce moment voir la France abattue,
Par ceux qu'elle vainquit en un instant vaincue,
  Pleurer son seul appui;
Encor s'il mourait seul, mais cette armée immense,
Ces nombreux combattans, qu'il redoit à la France,
  Vont périr avec lui :

Quel supplice cruel! victorieux encore,
Des plus nobles lauriers quand leur front se décore,
 Ils mourront sans combats :
Ils cherchent l'ennemi, l'ennemi les évite,
Revient, fuit tour-à-tour, et lance dans sa fuite
 Un perfide trépas.

Que craint-il cependant? Dans là neige profonde,
Il voit ces légions, l'épouvante du monde,
 S'entasser par monceaux,
Les vivans appuyés sur leurs armes muettes,
Se traîner lentement, comme d'affreux squelettes
 Échappés des tombeaux.

Naguère on vit marcher cette superbe armée,
 Comme un fleuve dévastateur,
Sur le front abaissé de l'Europe alarmée,
 Passa son flot dominateur :
 Rien encor de son onde avide
 N'avait pu réprimer l'effort,
 Mais enfin la glace du Nord
 Enchaîna ce torrent rapide.

Au lieu des légions dont le vaste appareil
D'un peuple de héros annonçait le réveil,

C'est un amas confus qui s'apauvrit sans cesse,
Des bataillons sans chefs, des chefs sans bataillons,
Cachant leur pauvreté sous de riches haillons, *
Et dont le dénûment accuse la faiblesse.

Qui peut donc effrayer leurs farouches rivaux?
Est-ce le noble éclat de trente ans de victoire,
    Qui, même au milieu de leurs maux,
Semble les couronner d'un long rayon de gloire?

Les ennemis, fuyant leurs débiles vainqueurs,
Semblent en redouter la guerrière attitude,
Toujours de la défaite une longue habitude,
Comme un vieux préjugé, règne encor dans leurs cœurs.

Cependant, c'est le sort qui livre à leur vengeance
De ces fiers conquérans la farouche arrogance;
Quelle honte pour eux, s'ils laissent en repos
Ces cadavres hideux sortir de leurs tombeaux!...

Ils donnent le signal, et la mort se déploie,
S'arrête sur les monts, prête à saisir sa proie;

* Les tapis, les pelisses et les étoffes précieuses de Moscou.

Elle part, renversant des bataillons entiers,
Fait pleuvoir son courroux au milieu des guerriers,
Dont les corps mutilés roulent dans les abîmes,
Et semble s'acharner sur ses tristes victimes.

Partout c'est l'ennemi, partout c'est le trépas;
Comme d'affreux volcans, ces roches menaçantes
Vomissent sur nos preux des flammes dévorantes,
    Et se couronnent de soldats :
Mais ce spectacle encor ranime leur vaillance;
Vers ces rochers en feu leur foule qui s'élance
N'attend point le trépas, mais veut l'aller chercher,
    Et bientôt roule terrassée,
Comme la vague au loin vers les cieux élancée,
    Qui retombe au pied du rocher.

Mais, ô valeur sublime, et qu'on ne pourra croire!
Ces mourans décharnés, sans armes, abattus,
Par le froid, par la faim, tour-à-tour combattus,
Partout sur leurs rivaux remportent la victoire :
Montrant que le Destin, sur de nobles vainqueurs,
Aux lâches quelquefois peut donner l'avantage;
Mais que souvent, malgré le sort et le malheur,
La force ne peut rien où règne le courage.

Cependant, s'arrachant à tant de maux soufferts,
Entraînant les débris de sa débile armée,
Le chef des nations quitte ces froids déserts,
Tel qu'un feu qui s'éteint en traversant les airs,
Et laisse dans sa course un long trait de fumée.

Waterloo.

Pleure, Napoléon, ton pouvoir expirant,
Sous d'indignes revers ta gloire est étouffée;
Qu'en est-il revenu, de ton pompeux trophée? —
        Le char brisé du conquérant !*

L'étranger va fouler ta dépouille mortelle,
Tes amis d'autrefois viennent de te trahir;
Tu tombes : et déjà sur leurs lèvres cruelles,
Un sourire de sang vient de s'épanouir.

C'est en vain qu'au Destin tu résistes encore,
Ta grandeur a passé comme un vain météore,
Comme un son qui dans l'air a long-temps éclaté : —
Peut-être que ce bruit d'une puissance humaine
A frappé les échos de la rive lointaine.....
        Mais les vents ont tout emporté!

* Off all the trophies gather'd from the war
  What shall return ? The conqueror's broken car !
                Childe Harold , canto iii.

Qu'entends-tu dans les camps? C'est le bronze qui tonne :
Mais ton oreille est faite à ce bruit monotone;
« Je crains peu, disais-tu du haut de ton pouvoir,
« Ces rois paralysés cherchant à se mouvoir,
« Esclaves révoltés, que mon regard farouche,
« Qu'un signe de ma main, ou qu'un mot de ma bouche
    « Fera rentrer dans le devoir. »

Quand tu vis ce torrent, grossi par la tempête,
Si long-temps refoulé, refluer sur ta tête,
Le dépit éclata dans ton œil irrité :
Arrête! as-tu crié : Mais toujours il s'avance;
Hélas! ange déchu, pour toi plus d'espérance,
Il est vrai que d'un Dieu tu gardes la fierté.....
    Mais tu n'en as plus la puissance.

✵

Nos guerriers, où sont-ils? O tableaux déchirans!
Les voilà, renversés sur la terre flétrie,
Sanglans, criblés de coups, abattus, expirans.....
    Mais expirans pour la patrie!

Adieu notre avenir, nos succès, notre orgueil!
Waterlô, Mont-Saint-Jean, nos légions mourantes
Ont jeté leurs débris dans vos plaines sanglantes;
Pourtant aucuns tombeaux élevés par le deuil,

N'y protègent leurs os, que le vent des montagnes
Enlève dans sa course, et rejette aux campagnes;
Ils n'ont pas revêtu le funèbre linceul.
Quoi, ces fiers conquérans, que la mort seule arrête,
Ces preux, qui de l'Europe avaient fait la conquête,
    Nont pu conquérir un cercueil!...

Un cercueil, des flambeaux, et des chants funéraires,
Gardez cet appareil pour les mortels vulgaires;
Aux pompes des humains ils ne demandent rien....
Mais la postérité gardera leur mémoire,
Et les échos des temps promèneront leur gloire
    Dans les climats les plus lointains.

Portons, portons encor les yeux sur cette plaine,
Admirons cette ardeur, ce noble empressement
De courir, de voler vers une mort certaine :
Arrêtez!.... Mais l'honneur à la mort les enchaîne,
Tous, d'un commun accord, ont juré noblement
De vaincre ou de mourir pour la cause commune;
Ils n'ont pu triompher de l'ingrate fortune,....
    Et le trépas acquitte leur serment!

    Écoutez les foudres brûlantes,
    De tant de peuples assemblés;
    Voyez, dans ces plaines sanglantes,

Nos preux, sous le nombre accablés :
Admirez-les ; leur troupe altière
Combat contre l'Europe entière,
Contre les destins irrités :
Gloire au Dieu qui leur donna l'être,
Gloire au pays qui les vit naître,
Gloire aux seins qui les ont portés !

Tandis que les races mortelles
S'engloutissant dans l'avenir,
Passent aux ombres éternelles,
Sans laisser même un souvenir;
Leur gloire, sans cesse croissante,
Luira, toujours plus imposante,
Aux yeux de la postérité.
O fortune digne d'envie !
L'avenir, au prix de leur vie,
Leur donne l'immortalité !

On croit entendre encor ce cri mâle et sublime,
Cette voix de leurs cœurs, cet accent unanime,
Que nos preux répétaient en volant au trépas :
Quand, tout couverts de sang, et lassés d'en répandre,
Les ennemis surpris, les pressaient de se rendre :
« *La garde*, ont-ils crié, *meurt et ne se rend pas !* »

Ce cri, que répétaient nos guerriers intrépides,
Couvrit d'abord le bruit des foudres homicides,
Mais bientôt il expire en murmure confus;
C'est le dernier éclat d'un feu qui s'évapore,
Le dernier tintement d'un son sublime encore,
  Que bientôt on n'entendra plus!

Le son s'éteint et meurt; mais l'écho s'en empare,
  Et le porte aux autres échos;
Il annonce partout que le destin barbare
Dans la nuit du cercueil a plongé nos héros :
  On pleure, on gémit, on soupire,
  Le deuil plane sur les Français;
  Et l'étranger lui-même admire,
Et rougit un moment de son lâche succès.

Ils sont morts! Les voilà! Sur leurs yeux intrépides,
Un tranquille sommeil a semblé s'épancher,
Le calme règne encor sur leurs faces livides :
  Qu'avaient-ils à se reprocher?
  Le soin d'une juste défense
  Avait pu seul armer leurs bras,
  C'est pour leur chef, c'est pour la France,
  Qu'ils avaient reçu le trépas;

Leur gloire n'était point flétrie,
Ils expiraient dans leurs foyers,
Et la terre de la patrie
Ensevelissait ses guerriers.

L'esprit qu'effraie un tel carnage,
Se plonge avec horreur dans ce champ de la mort,
Il ne voit que sujets d'admirer leur courage,
Et de gémir des coups du sort.
Chaque sillon qui s'entr'ouvre
Aux regards offre et découvre
Les restes froids des héros :
Un pompeux monument ne charge pas leurs os,
Mais chacun d'eux, mourant sur ce sol funéraire,
D'un amas d'ennemis eut soin de le couvrir :
C'est dans cette couche guerrière
Qu'il rendit le dernier soupir.

LES ÉTRANGERS A PARIS.

Le Soleil qui sur nous dardait ses feux rapides,
A donc été vaincu par des astres perfides,
Et ses feux endormis ont fait place aux éclairs.
Quel charme assez puissant put fasciner la vue
    De cet aigle, enfant de la nue,
Dont les regards ardens dévoraient l'univers?

Un dieu vient de céder à des forces humaines;
Quels bras l'ont enchaîné? Des bras chargés de chaînes.
Avec lui, s'est dissoute à nos regards surpris,
    Tant de puissance amoncelée,
    Il tombe, et la terre ébranlée
A tremblé sous le poids de son vaste débris.

Sur un rocher désert, sur la roche obscurcie,
Que le temps, que la flamme ont tour-à-tour noircie,
On le voit s'endormir, pour ne s'éveiller plus;
Autour de sa prison, roule la mer profonde;
O Français, contemplez cet autre Marius,
    Assis sur un débris du Monde!

Ah, si dans le combat qui décida son sort,
Il eût pu rencontrer une honorable mort,
De quel divin éclat eût brillé sa mémoire!
Mais, en proie aux chagrins, dans le malheur bercé,
Peut-être il va vieillir, comme un glaive émoussé,
Qui se ronge dans l'ombre, et se rouille sans gloire! *

Il est là pour toujours; plus d'espoir, plus d'appui;
    Il reste en butte à la fureur commune,
Et les lâches flatteurs qui grandirent sous lui,
    L'ont renié dans l'infortune.

Il eut de grands succès; mais, hélas! à quel prix!
Secourable à-la-fois et funeste à la France,
Au plus haut période il porta sa puissance,....
Mais la France, en pleurant, lui demande ses fils!...

Tes fils, ne pleure pas,... ils sont morts pour la gloire,
Un laurier toujours vert, ornera leur mémoire,
Partout où les guida le destin des combats,
Partout où pénétra leur rapide vaillance,
Leurs compagnons vainqueurs vengèrent leur trépas...
L'ennemi paya cher.... Mais Waterloo.... Silence!...
Ceux-ci n'ont obtenu qu'un trépas sans vengeance!

* . . . . Or a sword laid by
Which eats into itself, and rusts ingloriously.
LORD BYRON.

Français, courons sous les drapeaux,
Vengeons leur cendre profanée,
De la gloire d'une journée
Dépouillons nos lâches rivaux.
A la France qui nous appelle
Rendons son antique splendeur,
Et sur sa mourante grandeur,
Entons une grandeur nouvelle!

Marchons, et si le sort cesse de protéger
Un peuple généreux secouant ses entraves,
Soyons plutôt de l'étranger
Les victimes que les esclaves;
Marchons! En expirant, ils nous léguaient, nos braves,
Ou leur exemple à suivre, ou leur mort à venger.

Qu'offrir, en sacrifice, à leur cendre irritée?
C'est du sang qu'il leur faut, nous n'avons que des pleurs;
Tu parles de vengeance, ô France ensanglantée,
Qu'as-tu fait de tes défenseurs?

Déjà des ennemis les clairons retentissent;
Nous n'avons en nos murs qu'un peuple désarmé,
De femmes et d'enfans, un amas alarmé,
Et les lâches qui nous trahissent.
Malheureux! Nous cédons au destin irrité!
O désespoir! Une foule ennemie
Au poids de l'or, au poids de l'infamie,
Nous vendra notre liberté!

(19)

Mais il faut dévorer nos chagrins en silence.
Que de fois les sermens, les droits sont méconnus!
Que de fois l'équité gémit sous la puissance,
    Que de fois penche la balance,
    Sous le fer d'un nouveau Brennus!

Naguère riche et florissante,
Notre patrie, orgueilleuse et puissante,
S'applaudissait de sa fertilité,
Mais l'étranger y pose un pied perfide,...
Et nous cherchons en vain sur ce sol attristé,
Qui ne présente plus qu'une surface aride,
    Son antique fécondité.

Nous voyons sous les mains de ces nouveaux Vandales,
    Disparaître nos monumens,
    Et ces antiques ornemens
Qui décoraient jadis nos pompes triomphales;
Où sont-ils ces débris de cent peuples soumis,
Ces immortels travaux faits d'une main mortelle,
Ces amas d'étendards pris sur les ennemis,
Registres imposans d'une gloire éternelle!

L'étranger les enlève, il soustrait à nos yeux
De nos anciens travaux ces témoins glorieux;

2.

(20)

Des produits de nos arts à son tour il s'empare,
Dépouille d'ornemens nos palais violés,
      Et promène sa main barbare
      Sur nos monumens mutilés.

Mais sa fureur en vain sans cesse les menace;
Et ces lâches en vain tâcheront de ternir
Les exploits étonnans que tenta notre audace;
En vain ils essaieront d'en effacer la trace...,
En effaceront-ils l'immortel souvenir?

Ce souvenir des temps bravera les injures,
Et perçant au travers des âges entassés,
      Ira dire aux races futures
      Les exploits des siècles passés.

Ainsi le peuple roi devint le peuple esclave,
Le Français s'endormit sous une indigne entrave, *
Et ce cri de surprise, au bruit de sa valeur,
Qui réveillait jadis les échos de la France,
      Ne fut plus qu'un cri de douleur;

Mais que notre ennemi cesse en son arrogance
      D'insulter à notre malheur,
Ou, de nos cœurs brûlans d'une héroïque ardeur,
      Partirait un cri de vengeance.

---

* Celle des étrangers.

La Mort de l'Exilé.

Toi qui semblas un dieu, quoique fils de la Terre,
Qui pourra de ta vie expliquer le mystère?
Un matin, tu brillas comme un soleil nouveau,
Mais le soir, las enfin de lasser la victoire,
Trop chargé de grandeurs, de triomphes, de gloire,
Tu roulas contre un roc avec tout ton fardeau.

Là tu viens de t'asseoir; et ta tâche est finie : —
Du crêpe de la nuit la terre est rembrunie;
Au repos bienfaisant tu vas enfin céder,...
Jusqu'à ce que la voix du maître qui t'éveille
A la fin de la nuit vienne te demander
    Compte du travail de la veille.

Mais avant d'accueillir ce sommeil précieux,
Vers le jour qui n'est plus tu reportes les yeux,

Et ton esprit, plongeant dans ta course passée,
Tantôt veut secouer un triste souvenir,
Tantôt d'un plus brillant aime à s'entretenir,
Et semble en écouter l'enivrante pensée.

Ah! pleure tes grandeurs qui ne reviendront plus,
Ton pouvoir, tes honneurs, sont à jamais perdus,
Et ce charme puissant, insoluble problême,
Ce talisman vainqueur, que seul tu possédais,
Qui triomphait des rois, des peuples, du ciel même,
Dans les mains d'un mortel ne renaîtra jamais.

Un athlète fameux voulut briser un chêne;
Mais il ne pensait pas que le tronc divisé,
Resserrant les éclats qu'il écarte avec peine,
  Retiendrait son bras épuisé :
De ses efforts en vain déployant la puissance,
Par les cris de sa rage il trahit sa souffrance,
L'écho seul du désert répondit à sa voix :
Et le soir, s'approchant de l'arbre qui l'enchaîne,
Un animal le vit, et déchira sans peine
Le vainqueur des lions et des monstres des bois.

De ton orgueil trompé telle fut l'imprudence,
Attaché comme lui, sans force, sans défense,

(26)

Il fallut sous les fers plier ton bras vainqueur ;
Déchiré sans combat par des monstres perfides,
L'athlète de Crotone expira sans honneur : —
Et toi, ne sens-tu pas, comme des loups avides,
Toutes les passions qui déchirent ton cœur.

A son arbre attaché, quelle fut sa pensée
Quand il se ressouvint de sa vigueur passée,
Dont les premiers essais étonnaient l'univers?....
Et toi, que pensas-tu, quand battu par l'orage,
Tu te vis, de si loin, jeté sur le rivage,
Comme un débris vomi par l'écume des mers?

Mais pourquoi par le temps laisser ronger tes armes?
Pourquoi laisser couler ton âme dans les larmes ?*
Reprends le glaive encor, sors de ton long repos :
N'as-tu donc plus le bras qui lance le tonnerre,
N'as-tu plus le sourcil qui fait trembler la terre,
N'as-tu plus le regard qui produit les héros?

Lève-toi! c'est assez gémir dans le silence!
De tes lâches gardiens crains-tu la vigilance?

* ... Dem alle Kraft seiner Seele in Thränen ausfließt.
ZIMMERMANN, *la Solitude*, ch. III.

Ces vaincus d'autrefois ne te connaissent plus :
Mais redeviens toi-même, et reparais leur maître!...
Ils gardent sans effroi ce que tu sembles être,
Et s'enfuiront encor devant ce que tu fus!

Mais ton âme n'a plus sa brûlante énergie,
Ton talisman sans force a perdu sa magie,
Et les fers ont usé ta vie et ton ardeur :
Ainsi le roi des bois devient doux et docile,
Et se laisse guider par le chasseur habile,
      Qui sut enchaîner sa fureur.

Tu n'es plus à présent qu'un mortel ordinaire,
Faible dans l'infortune et sensible aux malheurs;
Plus d'encens! plus d'autels pour l'enfant de la terre!...
On ne peut désormais t'accorder que des pleurs.

Il fallait rester grand en restant à ta place,
Au lieu de te plier, te briser sous le sort,
Tu pouvais en héros défier sa menace :
N'avais-tu pas toujours un asile?.... la mort!

La mort, mais elle est là : c'est Dieu qui te rappelle;
Il va te délivrer de l'écorce mortelle

Qui cachait ton âme de feu :
Lui seul peut prononcer l'éloge ou l'anathême. —
Quand sur les rois détruits tu régnais, dieu toi-même,
      Songeais-tu qu'il était un Dieu?

Maintenant tu frémis, et ta vue incertaine
      Sonde l'éternité;
Et ton œil, égaré dans la céleste plaine,
Pénètre avec horreur dans son immensité.
Ne crains rien : notre Dieu, c'est un Dieu qui pardonne,
      La clémence qui l'environne,
      Et son éternelle bonté,
      Sont sa plus brillante couronne,
Le plus bel attribut de sa divinité.

Il te pardonnera; qu'importe que sur terre
Il t'ait vu consumer un temps si précieux,
A ramasser en tas quelque peu de poussière...
Que le souffle du Nord fit voler dans tes yeux.

La mort vient : —Et semblable à la mourante flamme,
Dans ton cœur défaillant tu sens trembler ton âme,
Et tes cils, tout chargés du long sommeil des morts,
Vacillent sur tes yeux, s'abaissent; tu t'endors! —

(26)

Adieu! — Mais en quittant sa dépouille grossière,
Ton âme arrête encor, et se porte en arrière;
Tu crains....Que peux-tu craindre au moment du trépas?
Non personne jamais n'occupera ta place;
Eh! quel fils de la Terre osera sur ta trace,
S'élancer jusqu'aux cieux pour retomber si bas?

O vous qu'il étonna dans sa noble carrière,
Contemplez le héros au moment du sommeil;
De sa chute on le vit se relever naguère....,
Mais, hélas! cette fois, c'est sa chute dernière,
Et son repos tardif n'aura plus de réveil.

Ah! contemplez encor au moment qu'il expire,
Cette tête où siégea le destin d'un empire,
Cette bouche où tonna sa formidable voix,
Ce front vaste foyer de ses projets immenses,
Cette main dont l'effort écrasait des puissances,
Élevait des guerriers, ou pesait sur des rois.

Mais sa bouche est muette, et sa main impuissante,
Son front n'enferme plus une pensée ardente,
Et puisque le grand homme est au séjour des morts,
Il n'en restera plus bientôt que la mémoire....
Et le ver du cercueil aura rongé son corps,
Quand l'Envie à son tour voudra ronger sa gloire.

(27)

Dans le triste réduit, où le roi prisonnier
Après tant de chagrins exhala l'existence,
Les preux, frappés encor de son accent dernier *,
Les yeux fixés sur lui, gémissent en silence :
Mais aux portes s'entend un bruit long et confus,
Soudain la Renommée embouche la trompette,
L'écho redit ses sons, et partout il répète
    Ces mots : *Il n'est plus, il n'est plus !*

N'est-ce qu'un bruit trompeur et l'accent du mensonge?..
Sans le croire on l'entend : mais le bruit se prolonge,
Le temps, comme un vain son, ne l'a point dissipé,
Et sur tant de grandeur la mort a donc frappé !
Les uns ont tressailli d'une barbare joie,
D'autres, pleurant sa perte, au chagrin sont en proie,
Quelques-uns même encore ne peuvent consentir
A croire un coup du sort qu'ils étaient loin de craindre :
« Comme si le soleil pouvait jamais s'éteindre,
« Et comme si le Dieu pouvait jamais mourir! »

* Les dernières paroles de Napoléon, furent : *Mon Dieu et la Nation Française !.... Mon Fils ! Tête armée !....* On ne sait ce que signifiaient ces derniers mots : Peu de temps après, on l'entendit s'écrier : *France ! France !*

Il n'est plus ; mais la gloire a droit de le défendre
Du blâme qui souvent plane autour des tombeaux,
Le grand homme en mourant a couvert ses défauts
Du rapide laurier qui grandit sur sa cendre.

Quoique, ressortant plus sur un fond radieux,
Des faiblesses sans doute entachent sa mémoire,
Honte à vous qui voulez rabaisser cette gloire
     Dont l'éclat aveugla vos yeux :
Ne portez pas si haut ces yeux faits pour la terre ;
Reptiles impuissans, rampez dans la poussière,....
     L'aigle était dans les cieux !

Avant sa mort, craignant un revers de fortune,
L'Europe, mesurant le long gouffre des mers
     Et la lenteur d'une vie importune,
     Frémissait au bruit de ses fers :
Mais le champ désormais étant libre à l'injure,
Ta mémoire est en butte à des flots d'imposture,
Des nocturnes oiseaux les lamentables cris
Viennent insulter l'aigle à son heure dernière,
Comme un vent empesté, planent sur ses débris,
Et croassent long-temps autour de sa poussière.

(29)

« Il n'est plus, disent-ils, ce tyran des mortels,
« Dans un honteux exil à son tour il succombe,
« Ce lâche contempteur des ordres éternels,
« Qui voulait de la terre obtenir des autels,
     « Et qui n'en obtint qu'une tombe.

« Le Hasard, ce seul dieu qu'il voulût adorer,
« De la coupe des biens se plut à l'enivrer;
     « Mais il la vida tout entière,
     « Alors sa fortune cessa;
« Puis il l'emplit du sang des peuples de la terre....,
     « Et la coupe se renversa !

« Comme un songe d'enfer, il pesait sur le monde,
« Balayait en passant son espoir renversé,
« Ainsi qu'un vent du nord dans la plaine féconde,
     « Promenant son souffle glacé :
« La palme qu'il portait était toute sanglante,
     « Ses guirlandes étaient des fers,
« Et son sceptre imprimait une tache infamante
     « Au front des rois de l'univers;
« Sa gloire qui brûlait la terre palpitante,
     « Était de sang toute fumante,
« Et ses rayons de feu n'étaient que des éclairs.

« Mais les hivers du Nord arrêtèrent sa rage,
« Le tonnerre au néant le força de rentrer,
« La mer le revomit dans une île sauvage,
« Où le sol le porta,..... mais pour le dévorer.

« Tigre cruel, l'horreur de toute la nature,
« Dans un étroit cachot l'on sut te captiver,
« Là tu viens d'expirer faute de nourriture,
« Car il t'aurait fallu tout le monde en pâture,
  « Et tout le sang pour t'abreuver! »

En insultes ainsi déborde l'impudence....
Mais un autre motif le guidait aux combats
Que celui de régner sur de vastes états,
Ce fut par le desir d'une juste défense,
Par celui de venger et d'agrandir la France,
Qu'il remplit vingt pays des flots de ses soldats.
Cependant, si toujours à conquérir la terre,
A rabaisser l'orgueil de ses puissans rivaux,
  Il eût borné tous ses travaux,
Sans doute il n'eût été qu'un conquérant vulgaire :
Mais il fut des talens et le guide et l'appui,
  Il encourageait le génie,
Ornait de monumens la France rajeunie,
  Et les arts régnaient avec lui.

Admirez en tous lieux ces superbes portiques,
Ces monumens sacrés, ces palais magnifiques,
    Dont il remplissait ses états;
Il fut grand dans la paix comme dans la victoire;
O Français, contemplez ces colonnes de gloire,
Dont le bronze orgueilleux retrace vos combats :
Gloire au législateur, il terrasse le crime,
Il montre à l'innocence un sévère vengeur,
Et Thémis, reprenant son pouvoir qu'il ranime,
Entoure le héros d'une sainte splendeur :
Gloire à lui qui fut grand, et de toutes les gloires,
A lui qui nous combla de maux et de bienfaits,
A lui qui fut vainqueur de toutes les victoires,
    Mais ne put se vaincre jamais.

Extrême en ses grandeurs comme en ses petitesses,
N'allons pas comparer à César, à Sylla,
    Dans ses vertus ou ses faiblesses,
    Ce qu'il fut.... ou ce qu'il sembla :
N'égalons donc à rien celui que rien n'égale,
Qu'il tombât dans l'abîme, ou volât au soleil,
Sur un rocher désert, dans la pourpre royale,
Ou plus haut, ou plus bas, il était sans pareil !

(32)

Le superbe tombeau qu'il fit jadis construire,
 Ainsi que son immense empire,
 Est demeuré vide de lui :
On tailla dans le roc sa demeure dernière,
 Et sous une modeste pierre
 Sa cendre repose aujourd'hui;
Mais ses gloires, toujours aux nôtres enchaînées,
Lui promettent un nom qui ne doit pas finir,
Monument éternel, enfant du souvenir,
Qui ne croulera pas sous le poids des années,
 Mais grandira dans l'avenir!

IMPRIMÉ CHEZ PAUL RENOUARD
RUE GARENCIÈRE, N. 5, F.-S.-G.

IMPRIMÉ CHEZ PAUL RENOUARD.

www.ingramcontent.com/pod-product-compliance
Lightning Source LLC
Chambersburg PA
CBHW060722050426
42451CB00010B/1568